Edition Schott

Antonio Vivaldi
1678 – 1741

Concerto

für Violine und Klavier
for Violin and Piano

a-Moll / la-mineur / a-minor
opus 3 / 6

RV 356

Herausgegeben von / Edited by
Tivadar Nachèz

ED 900
ISMN M-001-03208-7

Orchesterstimmen (4) / Orgel

www.schott-music.com

Mainz · London · Madrid · New York · Paris · Prag · Tokyo · Toronto

Jacques Thibaud gewidmet

Concerto

a-Moll / la-mineur / a-minor

Herausgegeben von
Tivadar Nachèz

Antonio Vivaldi, opus 3 No. 6
RV 356

4

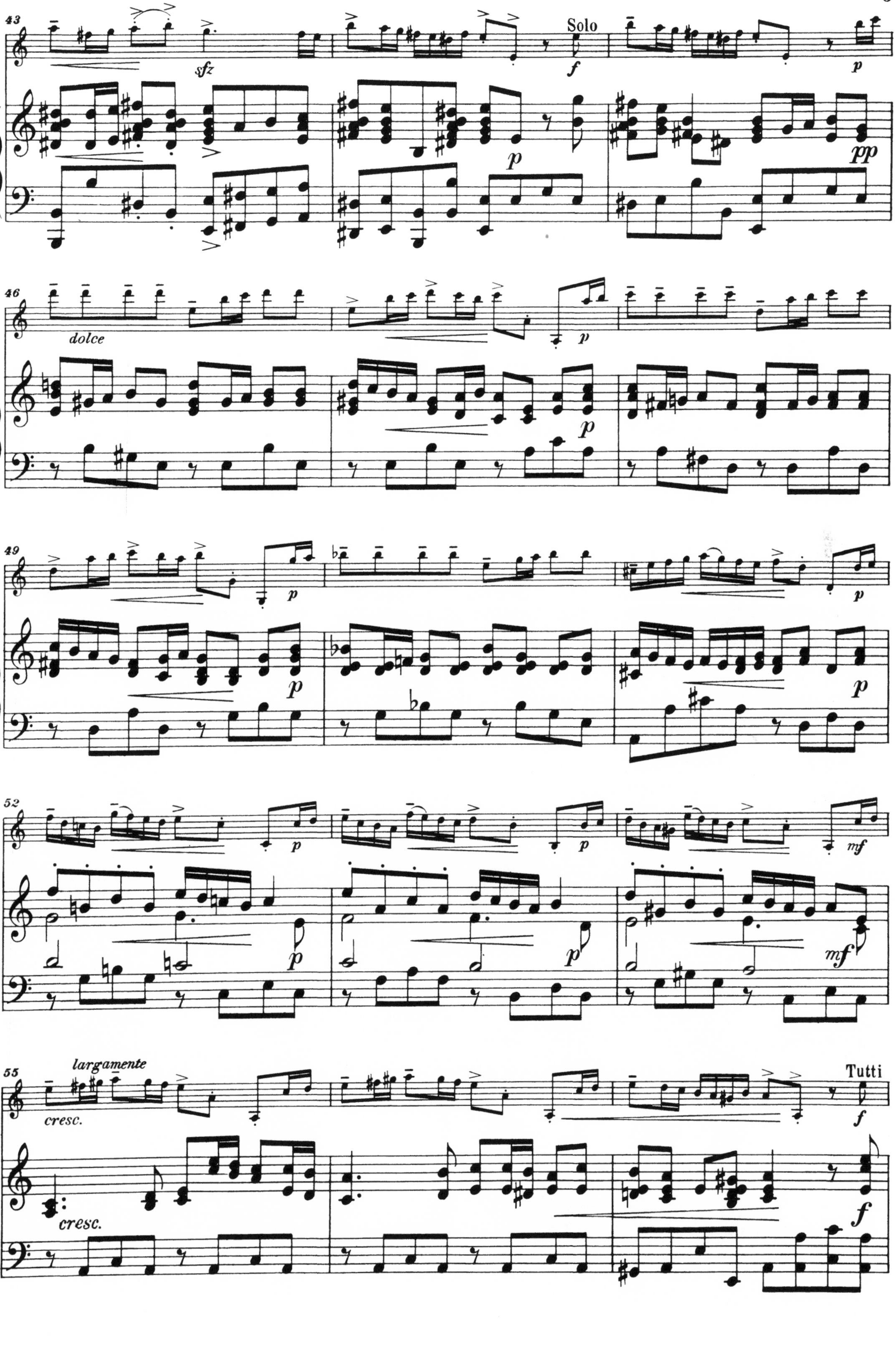
43
Solo
46
dolce
49
52
55
largamente
cresc.
Tutti

NB. Wenn eine Orgel verfügbar ist, fällt dieser Teil der Klavierstimme weg.